Peas Please

by Susan Hood

illustrated by Debbie Palen

MODERN CURRICULUM PRESS

Pearson Learning Group

Please eat the peas.

Please, please!

No! No peas!

No! No! No!

Please eat the plums.

Please, please!

No! No plums!

No! No! No!

Please eat the carrots.

Please, please!

No! No carrots!

No! No! No!

Please eat the corn.

Please, please!

No! No corn!

No! No! No!

Please, please, please?

No, no, no!

Please?

Look!

Here it comes again!

No!

Peas please!